Tigres

Editorial Wildlife Education, Ltd.
12233 Thatcher Court, Poway, California 92064
comuníquese al: **1-800-477-5034**
correo electrónico: **animals@zoobooks.com**
visítenos en: **www.zoobooks.com**

ISBN 1-888153-75-X

Tigres

Serie creada por
John Bonnett Wexo

Escrito por
Timothy Levi Biel

Consultores científicos
Edward J. Maruska
Director
Cincinnati Zoological Gardens

James Dolan, Ph.D.
Director de Colecciones
San Diego Zoo &
San Diego Wild Animal Park

Traducido por
B. Mónica Rountree

Ilustraciones

Páginas ocho y nueve: Trasfondo, Raul Espinoza; **dibujo principal,** Richard Orr

Páginas diez y once: Richard Orr

Página diez: Parte inferior, Walter Stuart

Página once: Esquina superior a la derecha, Walter Stuart; **esquina inferior a la izquierda,** Ed Zilberts

Páginas doce y trece: Dibujo principal, Richard Orr

Página doce: Parte inferior, Walter Stuart

Página trece: Parte superior, Walter Stuart; **parte inferior,** Richard Orr

Páginas dieciséis y diecisiete: Dibujo principal, Richard Orr; **parte lateral,** Walter Stuart

Páginas veinte y veintiuno: Richard Orr

Página veintiuno: Derecha, Walter Stuart

Fotografías

Cubierta: Tim Davis *(Photo Researchers)*

Páginas seis y siete: W. Perry Conway *(Tom Stack & Associates)*

Página diez: Zig Leszczynski *(Animals Animals)*

Página once: Parte superior, Tom McHugh *(Photo Researchers)*; **centro,** Jeff Rotman *(Peter Arnold, Inc.)*; **parte inferior,** Rod Williams *(Bruce Coleman, Ltd.)*

Página doce: Ardea London

Página trece: Esquina superior a la derecha, Richard Leonhardt; **esquina inferior a la izquierda,** M.P. Kahl *(Photo Researchers)*

Páginas catorce y quince: E. Hanumantha Rao *(Photo Researchers)*

Página dieciséis: George Holton *(Photo Researchers)*

Página diecisiete: Parte superior, Gordon Langsbury *(Bruce Coleman, Ltd.)*; **centro,** Sullivan & Rogers *(Bruce Coleman, Inc.)*

Páginas dieciocho y diecinueve: Photo Researchers

Página dieciocho: Parte superior, Tom McHugh *(Photo Researchers)*; **parte inferior,** Rod Williams *(Bruce Coleman, Ltd.)*

Página diecinueve: Parte superior, Edmund Appel (Photo Researchers); **centro,** Warren Garst *(Tom Stack & Associates)*; **extrema derecha,** R.E. Pelham *(Bruce Coleman, Inc.)*

Página veinte: Richard Leonhardt

Página veintiuno: Esquina superior a la izquierda, Dinodia Picture Agency; **centro,** R.A. Acharya *(Dinodia Picture Agency)*; **esquina inferior a la derecha,** Bettmann Archive

Páginas veintidós y veintitrés: E. Hanumantha Rao *(Photo Researchers)*

Contenido

Los tigres se encuentran entre los animales más admirados *y temidos* del mundo. Cuando pensamos en los tigres, pensamos en peligro. Pensamos en bestias poderosas que se esconden en la jungla oscura. Pensamos en las fuertes mandíbulas, los grandes dientes, las gruesas zarpas y las largas garras afiladas del tigre. También pensamos en belleza. Visualizamos un tigre acechando su presa en una húmeda jungla en Asia o caminando laboriosamente a través de bancos de nieve en la helada Siberia.

El tigre es un cazador que caza por su cuenta. De hecho, los tigres son probablemente mejores que cualquier otro mamífero terrestre para atrapar presas de gran tamaño sin ayuda alguna. A pesar de esto, la vida de un tigre no es fácil. Encontrar comida puede ser difícil, en particular para un tigre viejo o débil.

Cuando están desesperados, algunos tigres pueden incluso atacar a los humanos. Sin embargo, también se les culpa injustamente de muchas muertes. Los tigres matan a muy pocas personas cada año. La mayoría huye cuando ve a gente, y por buena razón.

Lo que los tigres han hecho a las personas no se puede comparar con lo que las personas han hecho a los tigres. Durante los últimos 200 años, hemos eliminado casi por completo a los tigres en estado natural. Hoy en día, el tigre es uno de los animales que corre mayor peligro de extinción en la Tierra.

Si no es molestado por el hombre, un tigre puede vivir 20 años o más. Las hembras suelen vivir por más tiempo que los machos, ya que éstos se enfrentan a mayores peligros. Frecuentemente pelean con otros machos. Algunas veces uno muere de ese modo, o es herido tan gravemente que ya no puede cazar.

Para las personas no es fácil distinguir entre un macho y una hembra de tigre, a menos que ésta se encuentre con sus cachorros. Únicamente las hembras se ocupan de los pequeños. La diferencia más obvia entre machos y hembras es el tamaño. Los tigres machos son mucho más grandes. Un macho adulto generalmente pesa cerca de 420 libras, y de un extremo al otro mide unos siete pies de largo. Las hembras son aproximadamente un pie más pequeñas y pesan alrededor de 100 libras menos. El tigre más grande que jamás se ha medido era un tigre siberiano macho. Tenía más de nueve pies de largo y pesaba más de 700 libras.

Tigre siberiano

En el pasado los tigres deambularon por gran parte de Asia. Algunos recorrieron el helado norte, otros ascendieron las serranías de Asia central, y muchos atravesaron las húmedas junglas del sur. Los tigres de cada región son reconocidos como especies diferentes, o *subespecies*. Aquí ilustramos seis de estas subespecies.

Dondequiera que vivan estos tigres, el hombre ha siempre sido su enemigo principal. La gente ha matado tantos tigres que dos de las subespecies ilustradas en estas páginas están extintas, y varias otras están por seguirlas pronto. Todos los tigres se consideran en peligro de extinción. Las áreas de color verde claro en el mapa indican dónde habitaban los tigres anteriormente. Las zonas en azul más pequeñas muestran dónde habitan en la actualidad.

Gracias a los esfuerzos de conservación, hoy en día existen cerca de 4.000 tigres de bengala en la India. Por mucho tiempo matar un tigre era considerado una prueba de hombría. Se esperaba que los príncipes jóvenes matasen su primer tigre a los 11 ó 12 años de edad. No era extraño que un maharajá matase cientos de tigres en el transcurso de su vida.

TIGRE DE BENGALA
Panthera tigris tigris

TIGRE CASPIO
Panthera tigris virgata

El tigre caspio está actualmente extinto. En 1964 quedaban entre 80 y 100 de ellos en el norte de Irán, una pequeña porción de su vasto territorio pasado.

8

El tigre siberiano es el más grande de todos los tigres vivientes. Habita en un clima frío y tiene un pelaje muy grueso para mantenerlo caliente. Su color pálido hace difícil que los animales de presa puedan distinguir este gran depredador en las nieves de Siberia. Solamente entre 150 y 200 tigres siberianos viven en estado natural.

TIGRE SIBERIANO
Panthera tigris altaica

Los tigres de China meridional vivían anteriormente en casi toda la China. Hoy en día, tan sólo hay entre 30 y 80 de estos tigres en todo ese país.

TIGRE DE CHINA MERIDIONAL
Panthera tigris amoyensis

TIGRE DE SUMATRA
Panthera tigris sumatrae

TIGRE DE JAVA
Panthera tigris sondaicus

Hay alrededor de 400 tigres de Sumatra. Éstos viven en la densa selva tropical en la isla de Sumatra, al sur del continente asiático. Los tigres de Sumatra son más pequeños que los demás. Los tigres de Java, provenientes de la misma parte del mundo, están extintos desde 1976.

El **cuerpo** de un tigre es como un arma mortal. Tiene la agilidad y fuerza para derribar animales que son el doble de su tamaño. Tiene garras largas y afiladas como una navaja para asir la presa y tiene enormes dientes, con los cuales puede fácilmente matar animales de gran tamaño.

Un tigre es también muy silencioso. Puede sorprender a la presa sin ser visto u oído. Sus rayas lo ayudan a lograrlo, ya que permiten que el tigre se esconda.

¡Otra característica especial sobre las rayas de un tigre es que tú puedes diferenciar un tigre de otro gracias a ellas! En estas páginas tendrás la oportunidad de descubrir esto por tu cuenta.

En esta fotografía ¿puedes ver dos tigres en la maleza? Uno está acostado, el otro tiene su cabeza en alto. Quizá tengas que mirar dos veces, ya que las rayas se confunden perfectamente con la maleza. Los tigres también se esconden bien en la oscuridad de la selva, donde las rayas parecen rayos de luz y sombra.

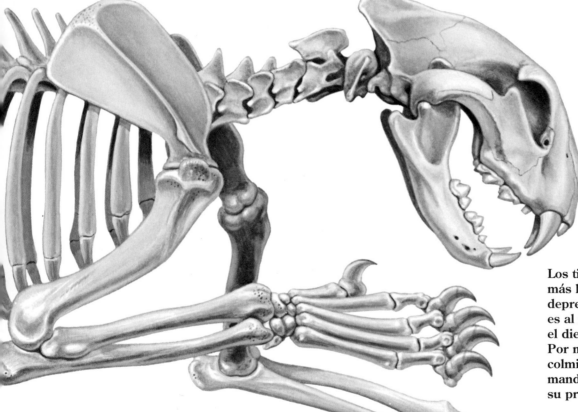

Los tigres tienen dientes caninos más largos que cualquier otro depredador. Uno de estos dientes es al menos 10 veces más largo que el diente más grande de tu boca. Por medio de estos grandes colmillos y sus amplias y poderosas mandíbulas, un tigre puede matar su presa con una rápida mordida.

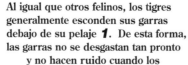

Al igual que otros felinos, los tigres generalmente esconden sus garras debajo de su pelaje **1**. De esta forma, las garras no se desgastan tan pronto y no hacen ruido cuando los tigres caminan sobre rocas o el suelo duro. En el momento en que quiere usar sus garras para asir o rasguñar, el tigre las extiende **2**.

PREGUNTA: ¿En qué se parece la cara de un tigre a tu dedo pulgar?

RESPUESTA: Las rayas en la cara de un tigre son como huellas digitales. No hay dos personas que tengan exactamente las mismas huellas digitales. Al igual que no hay dos tigres que tengan el mismo patrón de rayas.

El tigre a la izquierda es uno de los tres fotografiados abajo. ¿Es el tigre **1**, tigre **2**, o tigre **3**? (Clave: Observa las rayas sobre los ojos y en la frente.) Encontrarás la respuesta correcta al final de esta página, escrita al revés.

Hacen falta muchos músculos para mover un cuerpo de 400 libras. El cuerpo de un tigre está repleto de músculos. Éste puede brincar 10 yardas desde el suelo o saltar 15 pies en el aire. Se puede mover tan grácilmente que no hace ruido alguno.

Los tigres son suficientemente fuertes como para arrastrar animales enormes por un largo trecho. Un tigre por sí solo puede halar un búfalo de la India que pese más de una tonelada. Se necesitarían 13 hombres para mover una carga tan grande.

Respuesta correcta: Tigre 3.

11

Los tigres son cazadores de animales de caza mayor. Ellos cazan búfalos de la India, jabalíes, venados y otros animales de gran tamaño. El tigre de bengala, abajo, está a punto de atacar un gaur que puede pesar una tonelada completa.

Los tigres también comen en gran cantidad. Un tigre necesita comer anualmente cerca de 70 ciervos u otros animales grandes. Ésta es una de las razones por la cual los tigres cazan solos. Si vivieran en grandes grupos, nunca podrían encontrar suficientes presas para alimentar a todos.

Muchas personas piensan que un tigre grande y peligroso puede aniquilar fácilmente toda la presa que desee, mas no es cierto. La vida de este cazador no es fácil. La mayoría de los animales que él intenta atacar logra escapar. A veces un tigre pasa semanas sin comer. Cuando esto sucede, es posible que trate de cazar animales peligrosos incluso para él.

Para obtener suficiente comida, los tigres necesitan cazar día y noche. Frecuentemente cazan por la noche, cuando los ciervos y los antílopes son más activos. Los tigres también cazan durante la noche porque están más protegidos de los humanos en ese momento.

Los tigres no pueden correr con rapidez por largas distancias, por lo tanto deben acercarse a su presa antes de atacar. Con sus enormes y acolchonadas patas, ellos pueden avanzar silenciosamente hasta 20 pies del animal sin ser percibidos. Este tigre está listo para saltar. Observa cómo sus patas traseras están presionadas bajo su cuerpo, como un par de gigantescos resortes a punto de ser lanzados.

Cuando el tigre caza, usualmente se escabulle cerca de su presa escondiéndose detrás de árboles, arbustos y rocas.

Luego, con una serie de saltos fulminantes, ataca por detrás. Este tigre se lanza a atacar un tapir joven.

A continuación, el tigre captura la presa con sus garras y la tumba al suelo. Muerde al animal en la garganta o detrás del cuello para así matarlo.

Los tigres y otros depredadores juegan un papel muy importante en la naturaleza. Al matar venados y otras presas, ellos mantienen el número de estos animales bajo control. Gracias a esto, los animales que sobreviven son más saludables.

Si no hubiera tigres en estado natural, el número de animales de presa crecería demasiado rápido. Al principio, estos animales comerían tanto que destruirían muchas plantas. Luego, muchos de ellos padecerían de hambre.

Un tigre grande y hambriento es capaz de comer cerca de 100 libras de carne en una sentada. Esto corresponde a una quinta parte de su peso total. Sería equivalente a un niño de 10 años consumiendo 40 hamburguesas en una comida. El tigre tiene que comer en grandes cantidades porque muchas veces pasa varios días sin alimento alguno.

Ocasionalmente un tigre ataca una cría de rinoceronte. Esto puede ser peligroso, pues la madre rinoceronte probablemente se encuentra cerca. ¡Ni siquiera un tigre quiere enfurecer a un rinoceronte de 4.000 libras!

El tigre arrastra su presa dentro de los matorrales. Lo que no alcanza a comer lo entierra de manera de guardarlo para otro momento.

Un tigre es capaz de atacar incluso un oso si está verdaderamente hambriento, lo que podría ser un grave error. Este tigre siberiano ataca un oso pardo euroasiático, el cual es casi el doble de su tamaño. El oso es también más fuerte que el tigre y tan feroz como éste.

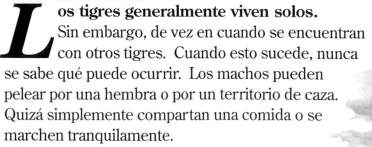

Los tigres generalmente viven solos. Sin embargo, de vez en cuando se encuentran con otros tigres. Cuando esto sucede, nunca se sabe qué puede ocurrir. Los machos pueden pelear por una hembra o por un territorio de caza. Quizá simplemente compartan una comida o se marchen tranquilamente.

Cuando machos y hembras se encuentran, pueden pasar mucho tiempo jugueteando, como lo hacen estos dos tigres de Sumatra en el agua. Juguetear es parte del cortejo, y de vez en cuando el juego puede ser turbulento. Otras veces, los machos y las hembras se tratan muy cariñosamente unos a otros.

Es posible que el comportamiento de estos animales sea misterioso para nosotros, sin embargo, ellos parecen entenderse bien con otros tigres. Y los tigres tienen diferentes maneras de mandar mensajes.

Cada tigre tiene un territorio de cacería privado. También tiene diversas formas de advertir a otros tigres que se mantengan alejados. Ellos pueden marcar los confines de sus territorios rasguñando los árboles (izquierda), o dejando su aroma. Cuando un tigre reconoce el olor de otro, siempre hace una expresión curiosa (arriba).

Los tigres son solitarios, si bien algunas veces sociables. La mayor parte del proceso de socialización ocurre durante la caza. Los machos no ayudan a criar sus cachorros, pero de vez en cuando comparten su presa con las hembras y los pequeños.

Un macho puede incluso alentar a los cachorros a comer la caza mientras que él espera su turno. Un tigre fue visto esperando por horas antes de comer, hasta que los cachorros y la tigresa estuvieron satisfechos.

El macho y los cachorros se saludan de una forma muy típica en el tigre, rozando sus cabezas, espaldas, costados y frotando sus caras.

Cuando un tigre quiere compartir su caza con otros, envía un mensaje. Su rugido se puede escuchar a una milla y media. Otros tigres que oyen el rugido vendrán a compartir la comida. Cuando un tigre no quiere compartir su alimento, puede gruñir o rezongar.

RUGIDO
RUGIDO
RUGIDO
RUGIDO

Cuando las tigresas rugen, puede que simplemente estén intentando atraer un macho. Como puedes ver aquí, los machos y las hembras no son siempre rudos entre sí. A veces pueden ser muy dulces.

Algunas veces las colas son las que entablan la conversación entre los tigres. Una cola erguida que se menea lentamente de atrás hacia adelante significa, "Hola, soy amistoso". Una cola que se agita con rapidez de un lado a otro dice "¡Estoy alterado!" Y una cola baja que se sacude bruscamente de un lado a otro indica, "Cuida tus pasos".

AMISTOSO

ALTERADO

TENSO

A muy pocos felinos les gusta el agua, mas a los tigres les encanta. Frecuentemente se acuestan en charcos para refrescarse, o para alejarse de mosquitos y zancudos. También les gusta nadar y jugar en el agua, así como a los niños en una piscina.

17

Los cachorros de tigres parecen gatitos adorables. Al nacer miden aproximadamente 12 pulgadas de largo y pesan menos de dos libras. En un año, estos "gatitos" serán suficientemente grandes como para cazar ciervos y búfalos.

La madre generalmente pare dos, tres o cuatro cachorros a la vez. Esto es necesario para que por lo menos uno de sus cachorros sobreviva. Muchos depredadores atacan los cachorros de tigres. Para protegerlos, es posible que la madre se quede al lado de sus cachorros cerca de dos años. Durante este período los tigres jóvenes tienen mucho que aprender de ella pues algún día cazarán y sobrevivirán por su cuenta.

Al igual que todos los animales jóvenes, los cachorros están llenos de energía. Se pasan los días jugando a la lucha, persiguiéndose unos a otros, y lanzándose sobre las mariposas. Todo este ejercicio los ayuda a prepararse para su primera y verdadera caza. Ellos están listos para comenzar a cazar cuando tienen aproximadamente seis meses, aunque siguen dependiendo de su madre para comer hasta tener cerca de 18 meses de edad.

CACHORRO DE TIGRE SIBERIANO

Es difícil creer que tan sólo en seis meses, este cachorrito tan juguetón se convertirá en un feroz cazador. Cuando llegue ese momento, pesará casi 200 libras y tendrá cuatro dientes caninos grandes para atacar la presa.

La tigresa es una de las madres más cariñosas y cuidadosas del reino animal. Ella abriga a los recién nacidos para calentarlos. Los alimenta y los protege de sus enemigos. Les enseña a cazar y a sobrevivir en la naturaleza por dos años o más, cuando éstos la dejan en busca de sus propias áreas de cacería.

Este cachorro tiene apenas unas pocas semanas de nacido. En estado natural, los cachorros generalmente nacen en cuevas y otros lugares protegidos. La madre los mantiene allí y les trae comida durante dos o tres meses. Después de este período, los cachorros son suficientemente grandes como para seguirla mientras ella caza la presa.

LEOPARDO

PITÓN DE LA INDIA

La vida de un tigre recién nacido está rodeada de peligros. Si la madre se aleja de sus cachorros, incluso por un corto período de tiempo, pueden ser atacados por depredadores. Algunos de los animales que les gusta comer cachorros de tigres son los leopardos, los pitones y las hienas.

HIENA RAYADA

Estas personas no vienen a cazar tigres. Vienen a visitar una reserva de fauna silvestre en la India, donde pueden ver tigres en su hábitat natural. Por medio de un *walkie-talkie*, el guía puede pasar información acerca de los tigres a los guardabosques y a otros guías.

Las antiguas leyendas y esculturas de la India representan al tigre como un símbolo de poder. En Asia, la gente siempre ha considerado al tigre como "el rey de las bestias". Ésta es una razón eminente por la cual la demanda por las partes de tigre en los mercados asiáticos es tan grande.

*L*as personas admiran los tigres. Esto no es sorprendente, ya que los tigres tienen muchas de las cualidades que la gente admira más en los animales. Los tigres son criaturas fuertes, preciosas, inteligentes, gráciles e independientes.

Sin embargo, las personas que viven en territorios de tigres no sólo los admiran, también les temen. Algunos sostienen que los tigres matan a muchos humanos. Aunque sabemos que no es cierto, esto puede explicar por qué las personas han cazado y matado tantos tigres.

Todavía existen algunos lugares en el mundo donde, si somos afortunados, podemos ver tigres que habitan en estado natural. Hoy en día la cacería de tigres es ilegal. Sin embargo, hasta en los cotos los cazadores furtivos matan a estos animales.

Durante centenares de años, cuando los tigres veían a las personas montadas sobre elefantes, significaba que una cuadrilla de caza quería matarlos para obtener un trofeo. En las reservas los tigres ya no temen a los humanos montados sobre elefantes. Sin embargo, todavía deben cuidarse de los cazadores furtivos, quienes los matarían por dinero.

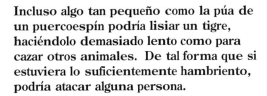

Se han contado muchas leyendas acerca de tigres feroces que mataban a las personas. En realidad, muy pocos tigres matan a los humanos. Aquellos que lo hacen generalmente son demasiado viejos, enfermos o débiles para atrapar la presa silvestre.

Incluso algo tan pequeño como la púa de un puercoespín podría lisiar un tigre, haciéndolo demasiado lento como para cazar otros animales. De tal forma que si estuviera lo suficientemente hambriento, podría atacar alguna persona.

Actualmente los tigres cazan en medio de las ruinas de Ranthambore, lo que una vez fuera el parque de cacería real para los maharajás de Jaipur. Ranthambore es uno entre varios de los suntuosos cotos de cacería del pasado, los cuales se han convertido en reservas nacionales para proteger a los tigres y a otra fauna silvestre.

La cacería de tigres era considerada como un deporte para la realeza y para las personas adineradas de la India. Sin embargo, cazar tigres no era muy deportivo, ya que los tigres tenían muy poca oportunidad para escapar. Los cazadores montaban elefantes, mientras que sus sirvientes (llamados batidores) conducían ruidosamente a los tigres hacia los cazadores. Con el pasar de los años, miles de tigres fueron aniquilados de esta forma.

Los pocos tigres salvajes que todavía quedan en el mundo, solamente pueden ser salvados con mucho trabajo, y aun así, puede ser demasiado tarde ya. Estos majestuosos animales dominaron una vez las selvas de Asia, sin embargo ahora quizá queden 5.000 de ellos. Los tigres de Java, Bali y los caspios están ya extintos. Tan sólo quedan 400 tigres de Sumatra, 200 tigres siberianos y unos cuantos ejemplares del tigre de China meridional.

Cuando la cacería de tigres se convirtió en una actividad ilegal, su mayor amenaza aparentemente fue la destrucción de su hábitat forestal. Y por muchos años continuó así. En las selvas de Asia, los tractores niveladores y las sierras de cadenas se mantienen ocupados. Más de 80 % de las selvas de la India han sido destruidas para obtener madera, leña y para preparar el terreno para el cultivo. La pérdida del hábitat continúa siendo un problema, sin embargo, la cacería ilegal, o furtiva, aniquila hoy en día a los tigres del mundo.

En los primeros años del Proyecto Tigre, un ambicioso programa iniciado en 1973, se establecieron cotos selváticos donde los tigres estarían protegidos. Y efectivamente, el número de tigres de bengala aumentó. En los últimos años, la demanda de huesos y otras partes del tigre en los mercados de China, Corea, Taiwán y el sureste de Asia, ha hecho que un tigre muerto tenga un gran valor monetario para un cazador furtivo.

Los conservacionistas alrededor del mundo continúan trabajando sin descanso para mejorar el futuro incierto del tigre. Ellos luchan para establecer un mayor número de reservas, para enseñar a la gente que vive cerca de los tigres cómo administrar su tierra y aún conservar el hábitat para los tigres, y trabajan para que se cumplan las leyes existentes que protegen a esos animales. Además de esto, ellos tratan de enseñar a una gran parte de la cultura asiática que las partes del tigre no curan todas las enfermedades.

Los programas de protección y educación cuestan dinero. Todos podemos ayudar al donar fondos para comprar hábitat para tigres, al apoyar el trabajo de científicos y conservacionistas que tratan de salvar al tigre y al aprender cuanto podamos acerca de los tigres y otros animales en peligro de extinción. Para aprender más acerca de cómo puedes ayudar, escribe a:

World Wildlife Fund (Fondo Mundial para la Naturaleza)
1250 24th Street NW
Washington, D.C. 20037

Índice